Carpe diem ...

... und andere Ideen, die glücklich machen

Illustriert von
Henrike Gomber

arsEdition

Öffne frühmorgens, wenn es noch ganz still ist, das Fenster. Lausche dem ersten Zwitschern der Vögel. Und jetzt: Tieeef durchatmen! Das macht unheimlich gelassen und gut gelaunt für den Tag.

Überrede deine Freundin oder deinen Freund dazu, dir einen frisch gepressten Orangensaft zum Frühstück zu servieren. Enthält viele Vitamine. Hält dich fit. Gib deinen Freunden als Dank ein liebes Küsschen.

Schwing dich morgens auf dein Fahrrad und
hol dir einen Coffee to go und ein frisches
Croissant. Fahre (vorsichtig!) freihändig
und genieße beides in vollen Zügen.

Schau, dass du einmal im Jahr einen Tag
am Meer verbringst. Muscheln sammeln,
barfuß über den Sand laufen, Salz auf der
Haut spüren und den Sonnenuntergang genießen.
Das gibt Kraft und macht die Seele stark.

Schaukle, was das Zeug hält.
Mit viel Schwung. Du wirst sehen,
du fühlst dich frei und leicht wie ein Vogel.

Bepflanze im Frühjahr deinen Balkon
(oder dein Fensterbrett oder deinen Garten)
mit Blumen. Sei lieb zu ihnen, das ganze Jahr über.
Wenn es geht, sprich mit ihnen. Deine Arbeit
wird Früchte tragen: Bald kannst du Urlaub
auf Balkonien machen.

Lass dich umsorgen, wenn du dich hundeelend fühlst. Es tut nun mal gut, wenn jemand zuhört, deine Lieblingsspeise kocht, eine Wärmflasche macht und nach deinen Wünschen fragt.

Mach dir selbst ein Herzensgeschenk.
Kauf dir was Kleines. Etwas, was dich glücklich macht. Wenn du magst, leg es dir vor dem Schlafengehen neben das Bett. Dann siehst du es gleich, wenn du morgens die Augen öffnest.

Ein guter Freund zu sein, das macht glücklich.
Den anderen verstehen, ohne viel zu reden,
mitzuleiden, wenn es dem anderen nicht
gut geht, zuhören, wenn der andere reden will.
Zusammenhalten, das ist Freundschaft.

Mach's dir kuschelig und lies Bücher.
Krimis, die die Nerven kitzeln. Liebesromane,
die verborgene Wünsche wach werden lassen.
Autobiografien, die imponieren. Ratgeber, die Rat
geben, und dieses Buch, das glücklich macht.

Bleibe Kind, werde erwachsen und nicht alt.
Wenn du alt geworden bist, dann fühle dich jung.
Von jedem ein bisschen, und du wirst glücklich
durchs Leben gehen.

Geh im Regen spazieren. Wenn du alleine gehst, erhöht sich die Chance, deiner Traumprinzessin oder deinem Traumprinzen zu begegnen.
Auch wenn du in Gummistiefeln steckst:
Verlieben macht unsagbar glücklich.

Finde heraus, was wirklich zählt:
Die besten und wichtigsten Dinge im Leben
kann man nicht kaufen. Den Lack für
den Kratzer im Auto deiner Mutter schon.

Glück ist, wenn man sich nach Jahren wiederfindet, sofort wieder loslachen kann und alles ist, wie es war. Das fühlt sich so was von warm an!

Versöhne dich. Aber erst, wenn du
deinen Ärger wirklich verdaut hast.
Es macht keinen Sinn, wenn du noch
ein bisschen Restwut in dir hast.

Das Wort »eigentlich« ist toll. Denn wenn du EIGENTLICH arbeiten, einkaufen, lernen, aufräumen, früh aufstehen SOLLTEST, ist damit schon klar, dass du es nicht tust.

Mach, was dein Herz dir sagt.

Und was du deinem Herzen sagst.

Und dann trefft euch in der goldenen Mitte.

Das ist die Lösung.

Gänseblümchenhaut fühlt sich einzigartig an.
Vor allem, wenn man von jemandem zärtlich gestreichelt oder geküsst wird, den man unendlich liebt und von dem man unendlich geliebt wird.

Wenn du Kummer oder einfach nur Heißhunger hast, iss zuerst Chips, dann Schokopudding und zum Abschluss saure Pommes! Macht irgendwie zufrieden, später kitzelt's vielleicht etwas im Bauch.

Macht aber nix!

Wenn du einen richtig doofen Tag hattest: Tauche ab. Springe in die heiße Wanne und baue Berge aus wohlduftendem Badeschaum. Dann heißt es: Augen zu, entspannen und eine Weile dösen. Danach fühlst du dich wieder frisch und munter.

Suche immer Neues, bleibe neugierig!
Gestern war gestern, gestern war vieles anders.
Heute kommen Gedanken, Wünsche, Fantasien,
Änderungen. Morgen wird bewegt, bunt, wild und neu.

Freue dich immer wieder

über die kleinen Dinge im Leben.

Sie machen dein Leben lebenswert!

Trau dich und mach was, wovor du dich (ein wenig) fürchtest. Wenn du deine Angst überwunden hast, kannst du sehr stolz auf dich sein. Zur Belohnung gibt's jede Menge Glückshormone.

Sammle glückliche Erinnerungen in deinem Herzen. So viele wie möglich. Sie können einen ziemlich trüben Tag wieder heller machen.

Glücks-Trick: Mach dich aus dem Staub.
Besuche einen Ort, an dem du noch nie warst.
Kleine Fluchten zwischendurch sind wichtig,
um der Alltagsroutine zu entkommen.

Kein Tag ist so schlecht, dass er
nicht durch ein kurzes Nickerchen
verbessert werden könnte.

Winterfeeling pur! Fange Schneeflocken mit der Zunge und füttere Vögel mit Kuchenkrümeln. Dann gehe nach Hause und brate dir leckere Äpfel mit Zimt, Honig und Vanillepudding.

Glück ist … den ersten Marienkäfer
des neuen Jahres zu entdecken.

Bevor du schlafen gehst, trink heiße Milch. Wenn du magst, tu etwas Honig rein. Beruhigt die Nerven und wärmt von innen.

(Tipp: Sei nett zu Kühen!)

Denke immer daran, immer, in jedem Moment, in jeder Sekunde: Was auch immer passieren mag:

DAS LEBEN IST (D)EINE GLÜCKSSACHE!

DAS LEBEN IST SCHÖN!